RECETAS DE

Cupcakes
y muffins

Diseño, textos y fotografías: Sinache art & communication, S.L.
Revisión: Ana Doblado

© SUSAETA EDICIONES, S.A.
Tikal Ediciones
Campezo, 13 - 28022 Madrid
Tel.: 91 3009100 - Fax: 91 3009118
www.susaeta.com
D.L.: M-171-MMXIII

Introducción

Cupcakes

Los cupcakes son unos dulces que se crearon en Estados Unidos en el siglo XIX. Su traducción literal es «pasteles de taza», nombre que reciben por la medida de volumen que se utilizaba en su elaboración.

En los últimos años, estos pastelitos se han puesto muy de moda gracias a la serie de televisión *Sexo en Nueva York*, que los ha convertido en un dulce muy *cool* y glamuroso.

Un cupcake se divide en dos partes: el bizcocho y el frosting, que es la cobertura decorativa que se echa encima. Hay mucha gente que piensa que un cupcake es una magdalena decorada, pero el tipo de bizcocho no tiene nada que ver con el de una magdalena; es más dulce, jugoso y esponjoso. En este caso sí se utiliza la batidora para incorporar burbujas de aire en la masa. En conjunto se podría decir que es como una pequeña tarta individual, con la ventaja de que se puede comer con una mano, sin necesidad de plato ni cubiertos, lo que hace que sea muy popular en las fiestas de cumpleaños infantiles y en los bufés.

Los cupcakes se suelen tomar como postre.

Muffins

Los muffins aparecieron en Inglaterra en el siglo XVIII y llegaron a Estados Unidos dos siglos después de la mano de los emigrantes británicos.

Por su forma y tamaño, los muffins pueden parecer similares a las magdalenas, pero no lo son tanto. Su masa es más densa y menos dulce, incluso hay muffins salados. Son muy sencillos de preparar: por un lado se mezclan los ingredientes sólidos y por otro lado se baten los líquidos. Después se remueve todo con una cuchara; es importante no utilizar en este paso la batidora para no incorporar burbujas de aire a la mezcla. El resultado es una masa densa y grumosa.

Los muffins se suelen tomar en el desayuno o como merienda.

Materiales

Mostramos aquí todos los materiales
necesarios para hacer las recetas de este libro.
Se pueden encontrar en cualquier tienda especializada en repostería.

1 Batidora de doble varilla
2 Bandeja para muffins de tamaño normal
3 Bandeja para muffins de tamaño mini
4 Rejilla para enfriar
5 Cápsulas de tamaño normal
6 Cápsulas de tamaño mini
7 Mangas pasteleras
8 Boquillas y adaptadores
9 Espátula
10 Descorazonador de manzanas
11 Jeringuilla para rellenar
12 Pasta de azúcar blanca
13 Pasta de azúcar de colores
14 Colorantes en pasta
15 Aromas
16 Rodillo antiadherente
17 Cortadores de flores y hojas
18 Espuma para modelar flores
19 Estecas
20 Cúter
21 Cortapastas redondos
22 Pegamento comestible
23 Perlitas de colores
24 Fideos de chocolate
25 Pintura en polvo dorada
26 Purpurina comestible
27 Pinceles
28 Plantillas

5

Técnicas
de decoración
Frosting

EL COLOR

Todos los frosting de tonos claros (como el de vainilla, el de crema de queso o el de merengue) se pueden colorear. Lo mejor para ello es utilizar colorantes alimentarios en pasta. Para teñir el frosting, coger una pequeña cantidad de colorante con un palillo, echarla en el frosting y batir con energía; en unos segundos se aprecia el resultado. Hay que tener mucho cuidado con la cantidad: basta con una pizca. Y también debe tenerse en cuenta que con el tiempo los colores se intensifican, así que siempre hay que dejar el tono más claro de lo que se desea. Los colores también se pueden mezclar entre sí.

LAS BOQUILLAS

Para dar forma al frosting, existen en el mercado multitud de boquillas distintas. Con cada una se consigue un resultado distinto. He aquí algunos ejemplos:

1 Redonda   **2** Estrella abierta   **3** Estrella cerrada   **4** Francesa   **5** Puntitos

Y también existen muchas técnicas para utilizarlas. La más común es la de espiral.

Espiral de un piso: empezar en el centro del cupcake y acabar en el borde (ejemplo: 2.º cupcake).

Espiral de dos pisos: empezar igual, pero al llegar al borde del cupcake la espiral vuelve al centro, acabando con un capirote (ejemplos: 1.er, 3.er y 4.º cupcake).

Hierba o pelos: formar una fila de tiritas en el borde del cupcake (que sobresalga un poco) de unos 2 cm de largo; hacer tiras de dentro hacia fuera hasta formar un círculo. Después, hacer otra fila encima, formando un círculo más pequeño. Seguir así hasta cubrirlo todo (ejemplo: 5.º cupcake).

Pasta de azúcar

La pasta de azúcar se emplea mucho en la repostería creativa para modelar toda clase de figuras. Se puede comprar ya coloreada, pero es posible teñirla en casa: basta con echar una pequeña cantidad de colorante en pasta con un palillo y amasar con los dedos para que se mezcle.

MODELAR

Antes de empezar a modelar, coger la cantidad de pasta necesaria y amasarla para ablandarla; lo que no se vaya a utilizar hay que envolverlo en film transparente. Después, modelar las figuras con los dedos; también se puede recurrir a estecas de modelar para dar forma a los detalles. Para pegar entre sí piezas distintas, usar un poco de agua. Una vez modeladas las figuras, dejarlas secar durante 24 horas antes de utilizarlas para decorar los cupcakes.

CUBRIR UN CUPCAKE

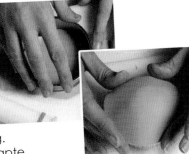

Coger una porción de pasta de azúcar, ablandarla y colorearla al gusto. Después, espolvorear con azúcar glas la encimera y estirar la pasta con un rodillo antiadherente, hasta que tenga unos 3 mm de grosor. Con un cortapastas redondo algo más grande que la cápsula que se vaya a usar, presionar para cortar la porción de pasta.
Coger el círculo de pasta con una espátula (desechando el sobrante) y colocarlo sobre el cupcake, cubriendo el frosting. Presionar con cuidado los bordes para que la cobertura se adapte bien a la forma del cupcake.

UTILIZAR UN CORTADOR CON EXPULSOR

Espolvorear con azúcar glas la encimera y colocar encima la pasta de azúcar ya ablandada. Estirarla con un rodillo antiadherente hasta alcanzar el grosor deseado. Después, colocar el cortador encima y presionar en su base para cortar. Una vez cortada la forma, sujetar el cortador por la base y presionar el botón. Levantar el cortador, retirar el sobrante y coger la figura con una espátula.

MODELAR ROSAS

Las rosas de pasta de azúcar son uno de los
elementos de decoración más usados en repostería.
No son difíciles de hacer y les dan a los cupcakes un toque de elegancia.

1. Coger un trozo de pasta de azúcar del color elegido, formar un cilindro largo de un dedo de grosor y cortar un trozo de dos dedos.

2. Colocar el trozo bajo un film y presionarlo con el dedo insistiendo más en uno de sus lados para dejarlo más fino.

3. Formar una bolita y rodearla con la forma anterior dejando el lado más fino en la parte de arriba.

4. Cortar dos trozos de un dedo de tamaño y apretarlos igual que se hizo en el paso 2.

5. Colocarlos como se muestra en la foto; si es necesario, utilizar agua para pegarlos. Después, curvar ligeramente los bordes hacia abajo.

6. Cortar otros tres trozos de un dedo de tamaño y repetir los pasos 4 y 5.

7. Para terminar, cortar cinco trozos más y proceder de igual modo.

8. Para hacer la rosa más grande, añadir otra fila más con siete pétalos.

MODELAR FLORES CON UN CORTADOR

Usar el cortador como se explica en el apartado «Utilizar un cortador con expulsor». Después, colocar la flor sobre un trozo de espuma y presionar ligeramente con un bolillo en el centro de los pétalos para curvarlos. Dejar que se endurezca y pegar unas perlitas usando un pincel y pegamento comestible.

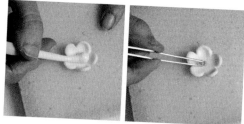

UTILIZAR PLANTILLAS

Existen unas plantillas de acetato que pueden resultar de gran ayuda para la decoración de postres.

Para darle algo de relieve a la pasta de azúcar, y siempre que esta sea plana, colocar la plantilla encima y pasar el rodillo suavemente.

Si además de darle relieve se quiere colorear, sin quitar la plantilla extender con el dedo un poco de manteca vegetal por los agujeritos. Inmediatamente después aplicar pintura en polvo con ayuda de un pincel.

Glasa real

La glasa real es una mezcla de claras de huevo y azúcar glas muy utilizada en repostería para la decoración de tartas, galletas y, por supuesto, cupcakes.

LA RECETA

Ingredientes: 1 clara pasteurizada y, más o menos, 175 g de azúcar glas tamizado (dependerá de la consistencia que se le quiera dar). Para hacer más glasa, se multiplican las cantidades.

Preparación: Echar la clara en un cuenco y batir con un tenedor hasta que forme espuma. Añadir entonces una tercera parte del azúcar y batir a velocidad baja. Sin dejar de batir, ir añadiendo el resto del azúcar lentamente y a cucharadas. Para hacer una glasa más espesa, hay que añadir más azúcar glas; para que quede más líquida, hay que añadir agua. Para teñir la glasa se utilizan colorantes en pasta, pero se añaden al final.

DIBUJAR CON GLASA REAL

Dibujar con un lápiz los motivos que se quieran hacer en un folio y colocar papel de horno encima. Echar la glasa real en una manga pastelera con una boquilla fina y apretar lenta y constantemente para calcar los dibujos con mucho cuidado. Dejar que la glasa se seque durante 24 horas y entonces separarla del papel con la punta de un cuchillo. Se emplea el mismo procedimiento para dibujar con chocolate fundido.

Cupcakes de zanahoria

Ingredientes para 12 cupcakes

Para el bizcocho:
2 huevos
135 g de harina
120 ml de aceite de oliva suave
120 g de azúcar
250 g de zanahorias
1 cucharadita de bicarbonato
la ralladura de 1 naranja

Para el frosting:
125 g de queso de untar
60 g de mantequilla a temperatura ambiente
375 g de azúcar glas
1 cucharada de leche

Para la decoración:
pasta de azúcar blanca
colorante en pasta naranja
colorante en pasta verde

Preparación

Precalentar el horno a 170 °C con calor arriba y abajo.
Tamizar la harina y el bicarbonato en un cuenco; reservar.
En otro cuenco, batir los huevos con el azúcar y el aceite. Después, incorporar la mezcla anterior.
Rallar las zanahorias e incorporarlas con ayuda de una espátula.
Preparar una bandeja para muffins con 12 cápsulas de papel y rellenarlas 2/3 de su capacidad.
Hornear 20 minutos o hasta que al pinchar los cupcakes con un palillo este salga limpio.
Dejar reposar 5 minutos en la bandeja y después traspasarlos a una rejilla hasta que se enfríen.

Para el frosting y la decoración:
Batir la mantequilla con el azúcar glas tamizado a velocidad baja en la batidora y añadir la leche.
Una vez que esté todo bien integrado, incorporar el queso de untar muy frío.
Batir unos minutos más aumentando la velocidad hasta que la mezcla quede blanca y cremosa.
Echar esta crema de queso en una manga pastelera y cubrir los cupcakes.
Como decoración, se pueden modelar unas zanahorias con pasta de azúcar teñida
de naranja y de verde (ver página 7). Es importante colocar los adornos lo antes posible,
mientras la crema de queso del frosting esté aún pegajosa.

Cupcakes de café

Ingredientes para 12 cupcakes

Para el bizcocho:
3 huevos
150 g de harina
160 g de mantequilla
135 g de azúcar
2 cucharaditas rasas de levadura
1 cucharada de café soluble
1 cucharada de agua

Para el frosting:
175 g de mantequilla a temperatura ambiente
350 g de azúcar glas
1 cucharada de café soluble
1 cucharada de agua

Para la decoración:
fideos de chocolate

Preparación

Precalentar el horno a 170 °C con calor arriba y abajo.
Disolver el café en el agua caliente; reservar.
Tamizar en un cuenco la harina y la levadura; reservar.
En otro cuenco, batir la mantequilla con el azúcar hasta que la mezcla quede cremosa.
Añadir el café y los huevos ligeramente batidos, y volver a batir. Después, incorporar
el contenido del primer cuenco y batir hasta que quede todo bien integrado.
Preparar una bandeja para muffins con 12 cápsulas de papel y rellenarlas 2/3 de su capacidad.
Hornear 20 minutos o hasta que al pinchar los cupcakes con un palillo este salga limpio.
Dejar reposar 5 minutos en la bandeja y después traspasar los cupcakes a una rejilla.

Para el frosting y la decoración:
Disolver el café en el agua caliente; reservar.
Trabajar con la batidora la mantequilla con el azúcar glas tamizado y, cuando esté todo
integrado, añadir el café. Batir unos minutos más a velocidad alta hasta conseguir que la mezcla
tome consistencia. Si se quiere un frosting más consistente, meter la crema de café 10 minutos en la
nevera. Echar la crema en una manga pastelera con una boquilla al gusto (ver página 6)
y decorar los cupcakes. Para terminar, mientras la crema de café esté aún pegajosa,
espolvorear unos fideos de chocolate por encima.

Cupcakes de vainilla

Ingredientes para 12 cupcakes

Para el bizcocho:
2 huevos grandes
120 g de harina
120 g de mantequilla
120 g de azúcar
2 cucharadas de leche
1 cucharadita de levadura
1 1/2 cucharaditas de extracto de vainilla
almíbar (hecho con 100 g de azúcar,
100 ml de agua y cucharadita de vainilla)

Para el frosting:
250 g de mantequilla a temperatura ambiente
450 g de azúcar glas
6 cucharaditas de leche
1 cucharadita de extracto de vainilla

Para la decoración:
pasta de azúcar blanca
colorante en pasta rosa
colorante en pasta verde

Preparación

Precalentar el horno a 170 °C con calor arriba y abajo.
Batir en un cuenco la mantequilla con el azúcar hasta conseguir una mezcla cremosa.
Añadir los huevos batidos con el extracto de vainilla y, después, la harina y la levadura tamizadas.
Incorporar la leche y batir hasta que quede todo bien integrado.
Preparar una bandeja para muffins con 12 cápsulas de papel y rellenarlas 2/3 de su capacidad.
Hornear 20 minutos o hasta que al pinchar los cupcakes con un palillo este salga limpio.
Dejar reposar 5 minutos en el molde y después traspasar los cupcakes a una rejilla.
Preparar el almíbar hirviendo el agua y el azúcar. Después, dejar enfriar y añadir la vainilla.
Perforar los cupcakes con un palillo y pintarlos con el almíbar utilizando una brocha de silicona.

Para el frosting y la decoración:
Echar todos los ingredientes menos el azúcar glas en un cuenco y batir a velocidad baja. Añadir el azúcar tamizado en tres tandas, batiendo varios minutos entre una y otra. Cuando esté todo bien integrado, batir durante 5 minutos más a velocidad máxima (si la batidora no es muy potente, se necesitará más tiempo). Echar la crema en una manga pastelera y cubrir los cupcakes.
Como decoración, se pueden hacer unas rosas con pasta de azúcar (ver página 8).

Cupcakes de chocolate y mascarpone

Ingredientes para 12 cupcakes

Para el bizcocho:
1 huevo
100 g de harina
85 g de mantequilla a temperatura ambiente
90 g de azúcar moreno
125 ml de agua
25 g de cacao en polvo sin azúcar
110 g de queso mascarpone
1/2 cucharadita de levadura
1/2 cucharadita de bicarbonato

1/2 cucharadita de extracto de vainilla
una pizca de sal

Para el frosting:
360 g de chocolate negro de cobertura
360 ml de nata líquida para montar

Para la decoración:
copos de nieve hechos con glasa real
perlitas blancas

Preparación

Precalentar el horno a 170 °C con calor arriba y abajo.
Hervir el agua y añadir el cacao. Remover para mezclarlo y dejar que se entibie.
Tamizar en un cuenco la harina, la levadura, el bicarbonato y la sal; reservar.
En otro cuenco, batir la mantequilla con el azúcar hasta obtener una mezcla homogénea.
Añadir el huevo y la vainilla, y volver a batir. Después, incorporar la mezcla al cuenco de la harina en tres tandas, alternando con la mezcla de agua y cacao. Agregar el mascarpone y batir de nuevo.
Preparar una bandeja para muffins con 12 cápsulas de papel y rellenarlas 2/3 de su capacidad.
Hornear 20 minutos o hasta que al pinchar los cupcakes con un palillo este salga limpio.
Dejar reposar 5 minutos en el molde y después traspasar los cupcakes a una rejilla.

Para el frosting y la decoración:
Hervir la nata en un cazo y retirarla del fuego. Añadir el chocolate cortado en trocitos y mezclar.
Dejar enfriar a temperatura ambiente y después meter en la nevera. Cuando el chocolate esté muy frío, trabajarlo con la batidora hasta que alcance una textura de mousse. Echarlo en una manga pastelera y cubrir los cupcakes.
Se pueden decorar con unos copos de nieve hechos con glasa real (*ver* página 9) y unas perlitas.

16

Cupcakes de limón con merengue

Ingredientes para 12 cupcakes

Para el bizcocho:

1 huevo
125 g de harina
60 g de mantequilla blanda (pero no líquida)
125 g de azúcar
1 yogur natural
1 cucharadita de levadura
1/2 cucharadita de bicarbonato
1/2 cucharadita de extracto de vainilla
1 cucharadita de ralladura de limón
una pizca de sal

Para la crema de limón:

1 huevo entero + 1 yema
45 g de mantequilla
75 g de azúcar
el zumo y la ralladura de 2 limones
una pizca de sal

Para el merengue:

3 claras de huevo
250 g de azúcar
1/4 de cucharadita de cremor tártaro
1 cucharadita de extracto de vainilla

Preparación

Para la crema de limón: batir los huevos con el azúcar. Añadir el resto de ingredientes y batir hasta integrarlo todo. Calentar la mezcla a fuego medio, sin dejar de remover, hasta que se espese (unos 10 minutos). Después, pasar la crema por un colador fino y dejar que se enfríe.

Para el bizcocho: tamizar en un cuenco la harina, la levadura, el bicarbonato y la sal. En otro cuenco, batir bien la mantequilla con el azúcar. Añadir el huevo, la ralladura de limón y la vainilla; volver a batir. Incorporar el contenido del primer cuenco en tres tandas, alternando con el yogur. Hornear los cupcakes como se indica en la receta de la página 10. Cuando se hayan enfriado, hacerles un agujero con un descorazonador de manzanas y rellenarlos con la crema de limón.

Para el merengue: poner al baño maría un cuenco con las claras y el cremor tártaro (el agua no tiene que llegar a hervir). Batir hasta que se forme espuma y, sin dejar de batir, incorporar el azúcar en tres tandas. Cuando el merengue haya adquirido consistencia y brillo, dejarlo reposar unos minutos antes de echarlo en una manga pastelera. Cubrir los cupcakes con el merengue y meterlos en el horno con el grill encendido para que se doren ligeramente.

Cupcakes
de champán

Ingredientes para 12 cupcakes

Para el bizcocho:
3 huevos
150 g de harina
150 g de mantequilla a temperatura ambiente
150 g de azúcar
3 cucharaditas de leche
1 1/2 cucharaditas de levadura
8 gotas de aroma de champán

Para el frosting:
2 cucharaditas de albúmina en polvo
250 g de mantequilla a temperatura ambiente
85 g de azúcar
120 ml de agua
8 gotas de aroma de champán

Para la decoración:
pasta de azúcar negra
perlitas blancas
purpurina comestible

Preparación

Precalentar el horno a 170 °C con calor arriba y abajo.
Tamizar en un cuenco la harina y la levadura; reservar.
En un cuenco aparte, batir la mantequilla con el azúcar hasta conseguir una mezcla cremosa.
Añadir los huevos uno a uno, batiendo bien entre uno y otro. Añadir el aroma de champán
y batir de nuevo. Después, incorporar el contenido del otro cuenco y batir hasta que quede todo
bien integrado. Por último, añadir la leche y batir otra vez. Preparar una bandeja para muffins con
12 cápsulas y hornear los cupcakes como se indica en la receta de la página 10.

Para el frosting y la decoración:
Batir la albúmina con el agua en un cuenco resistente al calor y ponerlo al baño maría (sin que el
agua llegue a hervir) con el azúcar. Batir hasta que el azúcar se disuelva. Retirar del fuego y batir a
velocidad alta hasta que coja consistencia y brillo. Después colocar el cuenco sobre hielo
picado. Una vez frío, ir añadiendo la mantequilla en dados mientras se bate a velocidad lenta.
Agregar el aroma y batir. Echar la mezcla en una manga pastelera y cubrir los cupcakes.
Se pueden decorar con purpurina y unas flores hechas con pasta de azúcar (ver página 8).

Cupcakes de chocolate y vainilla

Ingredientes para 12 cupcakes

Para el bizcocho:

3 huevos
175 g de harina
180 g de mantequilla a temperatura ambiente
210 g de azúcar
4 cucharadas de cacao en polvo sin azúcar
100 ml de leche
1 1/2 cucharaditas de levadura
1 1/2 cucharaditas de extracto de vainilla
almíbar (hecho con 100 g de azúcar,
100 ml de agua y 1 cucharadita de vainilla)

Para el frosting:

250 g de mantequilla a temperatura ambiente
450 g de azúcar glas
6 cucharaditas de leche
1 cucharadita de extracto de vainilla
colorante en pasta rojo
colorante en pasta verde
colorante en pasta azul

Para la decoración:

pasta de azúcar blanca
pasta de azúcar negra

Preparación

Precalentar el horno a 170 °C con calor arriba y abajo.
Tamizar en un cuenco la harina, el cacao y la levadura; reservar.
En un cuenco aparte, batir la mantequilla con el azúcar hasta conseguir una mezcla cremosa.
Añadir los huevos uno a uno y batir. A continuación, incorporar la mitad de la mezcla anterior, después la leche y finalmente el resto de la mezcla. Batir bien para integrarlo todo. Preparar una bandeja para muffins con 12 cápsulas y hornear los cupcakes como se indica en la página 10.

Para el frosting y la decoración:
Poner todos los ingredientes menos el azúcar glas en un cuenco y batir a velocidad baja. Añadir el azúcar tamizado en tres tandas, batiendo varios minutos entre una y otra vez. Cuando esté todo bien integrado, batir 5 minutos más a velocidad máxima. Dividir la mezcla en tres partes y teñir cada una de un color. Echar cada mezcla en una manga pastelera y decorar los cupcakes con una boquilla de puntitos (ver página 6). Por último, añadir bocas y ojos de pasta de azúcar para darle el toque final a estos monstruos de colores.

Minicupcakes
de mantequilla de cacahuete

Ingredientes para 24 minicupcakes

Para el bizcocho:
2 huevos
135 g de harina
75 g de mantequilla a temperatura ambiente
135 g de azúcar moreno
40 ml de leche
40 g de mantequilla de cacahuete

1 cucharadita de levadura química
1 cucharadita de extracto de vainilla

Para el frosting:
75 g de mantequilla a temperatura ambiente
200 g de azúcar glas
175 g de mantequilla de cacahuete
60 ml de nata líquida para montar

Preparación

Precalentar el horno a 170 °C con calor arriba y abajo.
Tamizar en un cuenco la harina y la levadura; reservar.
En otro cuenco, batir la mantequilla con el azúcar hasta lograr una mezcla homogénea.
Añadir los huevos y batir hasta integrarlos. Agregar la mantequilla de cacahuete y batir. Después, incorporar el contenido del otro cuenco y batir hasta que quede todo bien integrado. A continuación, añadir la leche mezclada con el extracto de vainilla y batir por última vez.
Preparar una bandeja para minimuffins con 24 minicápsulas de papel y rellenarlas 2/3 de su capacidad. Hornear 12 minutos o hasta que al pinchar los cupcakes con un palillo este salga limpio.
Dejarlos reposar 5 minutos en la bandeja y después traspasarlos a una rejilla.

Para el frosting y la decoración:
Batir la mantequilla, la mantequilla de cacahuete y la nata hasta conseguir una mezcla homogénea. Añadir el azúcar tamizado en tres tandas, batiendo varios minutos entre una y otra. Cuando esté todo bien integrado, batir 5 minutos más a velocidad máxima (si la batidora no es muy potente, se necesitará más tiempo). Para que la crema quede más consistente, se puede meter durante 10 minutos en la nevera. Introducirla en una manga pastelera y decorar los cupcakes usando la boquilla que más guste (*ver página 6*).

Cupcakes rojo pasión

Ingredientes para 12 cupcakes

Para el bizcocho:
2 huevos
160 g de harina
90 g de mantequilla a temperatura ambiente
150 g de azúcar
50 ml de nata líquida
35 g de cacao en polvo sin azúcar
1/2 cucharadita de colorante en pasta rojo
12 g de levadura
1 1/2 cucharaditas de extracto de vainilla

Para el frosting:
180 g de queso de untar
90 g de mantequilla a temperatura ambiente
450 g de azúcar glas
1 1/2 cucharadas de leche

Para la decoración:
pasta de azúcar roja
un poco de margarina
pintura en polvo dorada

Preparación

Precalentar el horno a 170 °C con calor arriba y abajo.
Tamizar en un cuenco la harina, el cacao y la levadura. Añadir el azúcar y mezclar. En un cuenco aparte, batir los huevos con el extracto de vainilla. Incorporar poco a poco la mantequilla en punto de pomada. Cuando esté todo integrado, añadirlo al primer cuenco. En un cazo, calentar un poco de nata y agregar el colorante. Mezclar todo y batir. Preparar una bandeja para muffins con 12 cápsulas y hornear los cupcakes como se indica en la página 10.

Para el frosting y la decoración:
Trabajar en la batidora la mantequilla con el azúcar glas tamizado a velocidad baja y añadir la leche. Una vez que esté todo bien integrado, agregar el queso de untar muy frío. Batir unos minutos más aumentando la velocidad hasta que la mezcla quede blanca y cremosa. Si se quiere que la crema quede más líquida, se pueden añadir más cucharadas de leche. Echar la crema en una manga pastelera con una boquilla redonda y grande, y cubrir la superficie de los cupcakes primero con un montoncito y después con otro más pequeño encima. Para decorar, hacer unos corazones con pasta de azúcar de color rojo y un cortapastas pequeño, y pintarlos con la pintura en polvo dorada usando una plantilla (*ver página 9*).

Cupcakes
de pistacho

Ingredientes para 12 cupcakes

Para el bizcocho:
2 huevos
135 g de harina
150 g de mantequilla a temperatura ambiente
150 g de azúcar moreno
6 cucharadas de leche
100 g de pistachos sin cáscara
2 cucharaditas rasas de levadura

Para el frosting:
250 g de azúcar glas
agua
colorante en pasta verde

Para la decoración:
pasta de azúcar blanca
perlitas blancas

Preparación

Precalentar el horno a 170 °C con calor arriba y abajo.
Escaldar los pistachos para poder quitarles la pielecilla más fácilmente y dejarlos secar.
Pasar por la picadora la mitad del azúcar para que quede más fina y reservar.
Trabajar con la picadora los pistachos hasta que casi queden reducidos a polvo.
Añadir el resto del azúcar y picar un poco más.
Tamizar en un cuenco la harina y la levadura. Añadir el azúcar y los pistachos, y mezclar.
En un cuenco aparte, batir la mantequilla. Después añadir los huevos y batir. Cuando esté todo
bien integrado, añadir la mezcla al cuenco anterior junto con la leche. Volver a batir.
Preparar una bandeja para muffins con 12 cápsulas de papel y rellenarlas 2/3 de su capacidad.
Hornear 20 minutos o hasta que al pinchar los cupcakes con un palillo este salga limpio.
Dejar reposar 5 minutos en el molde y después traspasar los cupcakes a una rejilla.

Para el frosting y la decoración:
Mezclar el azúcar glas con un poco de agua y colorante verde.
Añadir agua hasta conseguir la densidad adecuada: no tiene que quedar demasiado líquido.
Una vez fríos los cupcakes, verter el glaseado por la superficie y espolvorearlo con unas perlitas.
Para decorar se pueden hacer nenúfares con pasta de azúcar (ver página 8). Importante: para
poder colocar la decoración inmediatamente, es necesario haberla elaborado un día antes.

Cupcakes de frambuesa

Ingredientes para 12 cupcakes

Para el bizcocho:
3 huevos
150 g de harina
150 g de mantequilla a temperatura ambiente
150 g de azúcar
1 cucharadita de levadura
la ralladura de 1 limón

Para el puré de frambuesa:
320 g de frambuesas congeladas
2 cucharaditas de azúcar

Para el frosting:
115 g de claras de huevo
300 g de mantequilla a temperatura ambiente
200 g de azúcar glas
1 cucharadita de extracto de vainilla
una pizca de sal

Para la decoración:
pasta de azúcar fucsia
pasta de azúcar negra

Preparación

Para el puré de frambuesa: poner las frambuesas congeladas y el azúcar en un cazo a fuego lento hasta que se deshagan. Pasarlas por un colador apretando con la espátula y verter el líquido de nuevo en el cazo. Calentar hasta que espese y dejar que se entibie.

Para el bizcocho: precalentar el horno a 170 °C con calor arriba y abajo. Tamizar en un cuenco la harina y la levadura. En otro cuenco, batir la mantequilla con el azúcar y la ralladura de limón. Una vez que esté todo ligado, agregar los huevos y después añadir esta mezcla al primer cuenco. Preparar una bandeja para muffins con 12 cápsulas y hornear los cupcakes como se indica en la página 10. Una vez fríos, rellenarlos con 125 g de puré de frambuesa usando una jeringuilla.

Para el frosting y la decoración:
Echar en un cuenco resistente al calor las claras, parte del azúcar y la sal. Ponerlo al baño maría con el agua hirviendo y batir con las varillas. Después añadir el resto del azúcar en tandas, batiendo hasta que se disuelva. Retirar del fuego y batir a velocidad alta hasta que se enfríe; se puede meter el cuenco en hielo picado. Una vez frío, ir añadiendo la mantequilla en dados mientras se bate a velocidad lenta. Agregar el extracto de vainilla y el resto del puré de frambuesa; batir por última vez. Echar la crema en una manga pastelera y cubrir los cupcakes. Decorar con unas flores hechas con pasta de azúcar (ver página 8).

Cupcakes de chocolate y merengue

Ingredientes para 12 cupcakes

Para el bizcocho:
1 huevo grande
120 g de harina
50 g de mantequilla a temperatura ambiente
160 g de azúcar
140 ml de leche
25 g de cacao en polvo sin azúcar
1 cucharadita de levadura
1/2 cucharadita de bicarbonato
1/2 cucharadita de extracto de vainilla
una pizca de sal

Para el merengue:
3 claras de huevos grandes
285 g de azúcar
1/4 de cucharadita de cremor tártaro
1 cucharadita de extracto de vainilla
2 gotas de extracto de almendras

Para la cobertura de chocolate:
400 g de chocolate para cobertura
4 cucharadas de aceite de girasol

Preparación

Precalentar el horno a 170 °C con calor arriba y abajo.

Tamizar en un cuenco la harina, la levadura, el bicarbonato y la sal; reservar.

En otro cuenco, batir la mantequilla con el azúcar hasta obtener una mezcla homogénea.

Añadir el huevo y batir hasta integrarlo. Agregar el cacao y volver a batir.

Incorporar a esta mezcla el contenido del primer cuenco en tres tandas, alternando con la leche y batiendo tras cada adición. Hornear los cupcakes como se indica en la receta de la página 10.

Para el merengue y la cobertura de chocolate:

Poner al baño maría un cuenco resistente al calor con las claras y el cremor tártaro; el agua no tiene que llegar a hervir. Batir hasta que forme espuma y, sin dejar de batir, añadir el azúcar en tres tandas. Una vez que el merengue haya tomado consistencia, dejarlo reposar unos minutos antes de echarlo en una manga pastelera. Cubrir los cupcakes y meterlos en la nevera para que se endurezca. Mientras tanto, fundir el chocolate al baño maría removiendo constantemente para que no se queme. Añadir el aceite, remover y dejar que se enfríe un poco. Después, echar la cobertura en un vaso ancho y sumergir los cupcakes hasta cubrir todo el merengue. Guardarlos en la nevera.

Minicupcakes de mojito

Ingredientes para 24 minicupcakes

Para el bizcocho:
2 huevos
155 g de harina
140 g de mantequilla a temperatura ambiente
170 g de azúcar
60 ml de leche
1 1/2 cucharaditas de levadura
el zumo y la ralladura de 1 lima
unas hojas de menta
1 cucharadita de extracto de vainilla

Para el frosting:
160 g de mantequilla a temperatura ambiente
320 g de azúcar glas
2 cucharadas de zumo de lima
1 cucharada de ron

Para la decoración:
pasta de azúcar blanca
colorante en pasta verde
colorante en pasta amarillo

Preparación

Precalentar el horno a 170 °C con calor arriba y abajo.
Calentar en un cazo a fuego lento la leche con unas hojas de menta. Cuando empiece a hervir, retirar y dejar tapado durante 15 minutos. Después colar y reservar.
En un cuenco, batir la mantequilla con el azúcar hasta obtener una mezcla homogénea. Añadir los huevos de uno en uno y batir hasta incorporarlos. Después, agregar la harina y la levadura tamizadas y, batir hasta que quede todo bien integrado. Por último, añadir la leche aromatizada y la ralladura y el zumo de lima, reservando dos cucharadas para el frosting. Hornear los cupcakes como se indica en la receta de la página 10, pero en este caso dejándolos en el horno solamente 12 minutos.

Para el frosting y la decoración:
Poner todos los ingredientes menos el azúcar glas en un cuenco y batir a velocidad baja. Añadir el azúcar tamizado en tres tandas, batiendo varios minutos entre una y otra. Cuando esté todo bien integrado, batir 5 minutos más a velocidad máxima. Enfriarlo 10 minutos en la nevera para que coja consistencia. Después echarlo en una manga pastelera y cubrir los cupcakes. Para decorar, modelar con pasta de azúcar hojas de menta y rodajas de lima. Espolvorear con azúcar teñido de verde.

Cupcakes arcoíris

Ingredientes para 12 cupcakes

Para el bizcocho:
3 huevos grandes
80 g de harina de repostería
50 g de harina de maíz
120 g de mantequilla a temperatura ambiente
120 g de azúcar
1 1/2 cucharaditas de extracto de vainilla
una pizca de sal
colorantes en pasta variados

Para el frosting:
250 g de mantequilla a temperatura ambiente
500 g de azúcar glas
150 g de chocolate blanco para cobertura
1 cucharadita de extracto de vainilla
1 cucharadita de leche

Para la decoración:
perlitas de colores

Preparación

Precalentar el horno a 170 °C sólo con el grill.
Batir en un cuenco la mantequilla con el azúcar hasta conseguir una mezcla cremosa.
Separar las claras de las yemas y añadir sólo las yemas a la mezcla anterior.
Agregar la harina y la levadura tamizadas, y el extracto de vainilla. Batir para integrar todo.
En un cuenco aparte, montar las claras con la sal. Incorporarlas a la mezcla anterior y remover con suavidad. Dividir la masa en seis porciones y teñir cada una de un color: rojo, naranja, amarillo, verde, azul y morado.
Preparar una bandeja para muffins con 12 cápsulas de papel y echar una cucharada de masa morada en cada uno; hornear 2 minutos solo con el grill y echar una cucharada de masa azul. Repetir el mismo proceso hasta llegar al color rojo. Por último, dejar enfriar los cupcakes.

Para el frosting y la decoración:
Fundir el chocolate al baño maría removiendo todo el rato para que no se queme; dejarlo enfriar.
Echar la mantequilla, la vainilla y la leche en un cuenco y batir a velocidad baja. Añadir el azúcar tamizado en tres tandas, batiendo varios minutos entre una y otra. Por último, incorporar el chocolate y batir 5 minutos más a velocidad máxima (si la batidora no es muy potente, algo más de tiempo).
Echar la crema en una manga pastelera, cubrir los cupcakes y espolvorear con perlitas de colores.

Cupcakes
de chocolate y menta

Ingredientes para 12 cupcakes

Para el bizcocho:
1 huevo grande
120 g de harina
50 g de mantequilla a temperatura ambiente
165 g de azúcar
140 ml de leche
25 g de cacao en polvo sin azúcar
1 cucharadita de levadura
1/2 cucharadita de bicarbonato
1/4 de cucharadita de extracto de vainilla
una pizca de sal

Para el frosting:
150 g de queso de untar
100 g de mantequilla a temperatura ambiente
400 g de azúcar glas
8 gotas de aroma de menta
colorante en pasta verde

Para la decoración:
chocolate negro para cobertura

Preparación

Precalentar el horno a 170 °C con calor arriba y abajo.
Tamizar en un cuenco la harina, la levadura, el bicarbonato y la sal; reservar.
En un cuenco aparte, batir la mantequilla con el azúcar hasta conseguir una mezcla cremosa.
Añadir el huevo y batir. A continuación, incorporar el cacao y volver a batir. Una vez integrado todo, añadir la mitad de la primera mezcla, después la leche y finalmente el resto de la mezcla: batir tras cada adición. Preparar una bandeja para muffins con 12 cápsulas y hornear los cupcakes.

Para el frosting y la decoración:
Echar la mantequilla y el queso en un cuenco y batir a velocidad baja. Añadir el azúcar tamizado en tres tandas, batiendo varios minutos entre una y otra. Cuando esté todo bien integrado, añadir el aroma de menta y colorante, y batir 5 minutos más a velocidad máxima. Echar la mezcla en una manga pastelera y cubrir los cupcakes.
Para decorar, fundir el chocolate y usar una manga pastelera con boquilla muy fina hacer unas figuras sobre papel de hornear. Meterlas en la nevera para que se endurezcan.
Importante: la decoración siempre debe elaborarse antes que los cupcakes.

Cupcakes
de dulce de leche

Ingredientes para 12 cupcakes

Para el bizcocho:
2 huevos
90 g de harina de repostería
115 g de harina con levadura (bizcochona)
85 g de mantequilla a temperatura ambiente
175 g de azúcar moreno
60 ml de leche
1 cucharadita de extracto de vainilla
dulce de leche (para rellenar)

Para el frosting:
3 claras de huevo pasteurizadas
260 g de mantequilla a temperatura ambiente
170 g de azúcar
12 cucharadas de dulce de leche

Para la decoración:
dulce de leche
almendra picada

Preparación

Precalentar el horno a 170 °C con calor arriba y abajo.
Tamizar en un cuenco las dos harinas y reservar.
En un cuenco aparte, batir la mantequilla con el azúcar hasta conseguir una mezcla cremosa.
Añadir los huevos y el extracto de vainilla, y volver a batir. Una vez integrado todo, incorporar la mitad de las harinas, después la leche y finalmente el resto de las harinas; batir tras cada adición.
Preparar una bandeja para muffins con 12 cápsulas y rellenarlas 2/3 de su capacidad.
Hornear los cupcakes como se indica en la receta de la página 10.
Una vez fríos, perforarlos con un descorazonador de manzanas y rellenarlos con dulce de leche.

Para el frosting y la decoración:
Batir las claras en un cuenco resistente al calor y ponerlo al baño maría con el azúcar. Dejarlo a fuego medio unos 5 minutos. Pasado este tiempo, retirar la mezcla del fuego y batir a velocidad alta hasta que coja consistencia y brillo. Después, enfriar colocando el cuenco sobre hielo picado.
Una vez frío, ir incorporando la mantequilla en dados mientras se bate a velocidad lenta. Batir unos 10 minutos. Por último, agregar el dulce de leche, poco a poco, sin dejar de batir.
Echar la crema en una manga pastelera y cubrir los cupcakes.
Espolvorearlos con almendra picada y decorarlos con un chorrito fino de dulce de leche.

Cupcakes de fresa

Ingredientes para 12 cupcakes

Para el bizcocho:
2 huevos
200 g de harina
45 g de mantequilla a temperatura ambiente
100 g de azúcar
175 ml de nata para montar
1/2 sobre de levadura (8 g)
1 cucharadita de extracto de vainilla
80 g de fresas deshidratadas
una pizca de sal

Para el frosting:
3 claras de huevos
350 g de mantequilla
210 g de azúcar glas
70 ml de agua
1 cucharadita de extracto de vainilla

Para la decoración:
pasta de azúcar blanca
colorante en pasta rosa
perlitas rosas
glasa real

Preparación

Precalentar el horno a 170 °C con calor arriba y abajo.
Batir la mantequilla con el azúcar hasta conseguir una mezcla cremosa. Añadir la nata y los huevos.
Una vez integrado todo, incorporar la harina tamizada junto con la levadura y la sal.
Batir de nuevo. Por último, incorporar la vainilla y las fresas en trocitos. Remover con la espátula.
Hornear los cupcakes en sus cápsulas como se indica en la página 10.

Para el frosting y la decoración:
Echar en un cazo el agua con 175 g de azúcar glas; remover y dejar a fuego medio hasta que el almíbar alcance 121 °C (es necesario usar un termómetro de azúcar). Mientras, montar las claras a punto de nieve con una pizca de sal. Después, añadir el resto del azúcar e incorporar el almíbar sin dejar de batir a media potencia hasta que se enfríe; se puede poner sobre un recipiente con hielo picado. Una vez frío, ir incorporando la mantequilla en dados mientras se bate. Por último, añadir la vainilla y volver a batir. Extender el frosting con una espátula, cubrirlo con un círculo de pasta de azúcar teñida de rosa (ver página 7) y decorar con flores y glasa real (ver páginas 8 y 9).

Muffins salados de calabacín y queso

Ingredientes para 12 muffins

3 huevos
210 g de harina
60 ml de aceite de oliva suave
140 ml de leche
240 g de calabacines

100 g de queso gruyer
1 sobre de levadura (16 g)
una pizca de pimienta
una pizca de sal

Preparación

Precalentar el horno a 170 °C con calor arriba y abajo.

Rallar el queso y reservar.

Lavar los calabacines y rallarlos. Dejarlos escurrir sobre papel de cocina para que suelten el agua. Después rehogarlos y reservar.

Tamizar en un cuenco la harina y la levadura. Añadir la mitad del queso y mezclar con una espátula.

En un cuenco aparte, batir los huevos con el aceite y la leche; salpimentar. Incorporar esta mezcla al cuenco anterior y batir bien. Por último, incorporar con movimientos envolventes el calabacín.

Preparar una bandeja para muffins con 12 cápsulas y llenarlas con la mezcla hasta un dedo del borde.

Hornear 25 minutos o hasta que los muffins suban y se doren. Unos 10 minutos después de haberlos metido, abrir el horno para espolvorear por encima el resto del queso.

Cuando los muffins estén doraditos, sacar la bandeja del horno y dejarlos reposar 5 minutos. Después desmoldarlos y dejarlos enfriar sobre una rejilla.

Muffins salados de beicon y queso a las finas hierbas

Ingredientes para 12 muffins

2 huevos
375 g de harina
125 ml de aceite de oliva suave
250 ml de leche
125 g de beicon
100 g de queso cheddar

1/2 sobre de levadura (8 g)
una pizca de pimienta
una pizca de sal
1 cucharada de perejil picado
1 cucharada de finas hierbas

Preparación

Precalentar el horno a 190 °C con calor arriba y abajo.

Picar el beicon y freírlo. Después dejarlo escurrir sobre papel de cocina. Tiene que estar tibio antes de incorporarlo a la masa.

Rallar el queso y reservar.

Tamizar en un cuenco la harina, la levadura, la sal y la pimienta, y mezclar con la espátula. Batiendo con la batidora, incorporar poco a poco el aceite, la leche y los huevos. Cuando esté todo bien integrado, añadir el beicon, el queso rallado y las hierbas; remover con la espátula con movimientos envolventes.

Preparar una bandeja para muffins con 12 cápsulas y llenarlas con la mezcla hasta un dedo del borde.

Hornear durante 20 minutos o hasta que los muffins suban.

Cuando estén dorados, sacar la bandeja del horno y dejar reposar 5 minutos. Después desmoldar los muffins y dejarlos enfriar sobre una rejilla.

Muffins de chocolate

Ingredientes para 12 muffins

2 huevos
210 g de harina de fuerza
85 g de harina de maíz
100 g de mantequilla
120 g de azúcar moreno

360 ml de nata líquida para cocinar
50 g de cacao en polvo sin azúcar
100 g de pepitas de chocolate
1 cucharadita de levadura

Preparación

Precalentar el horno a 200 °C con calor arriba y abajo.

Derretir la mantequilla en un cazo a fuego lento y reservar.

Tamizar en un cuenco las dos clases de harina, el cacao y la levadura.
Añadir el azúcar y las pepitas de chocolate (reservar algunas para decorar),
y mezclar todo con una espátula.

En un cuenco aparte, batir los huevos con la nata. Después, añadir la mantequilla y remover. Verter la mezcla resultante en el primer cuenco y remover con la espátula con movimientos envolventes. No es necesario remover demasiado, solo lo suficiente como para que los ingredientes se mezclen; la masa tiene que quedar grumosa.

Preparar una bandeja para muffins con 12 cápsulas y llenarlas con la mezcla hasta un dedo del borde. Añadir las pepitas de chocolate reservadas.

Hornear durante 25 minutos o hasta que al pinchar los muffins con un palillo este salga limpio. Es muy importante no abrir el horno hasta que hayan pasado por lo menos 18 minutos.

Cuando los muffins estén listos, sacar la bandeja del horno y dejar reposar 5 minutos.
Después desmoldarlos y dejarlos enfriar sobre una rejilla.

Muffins
de calabaza

Ingredientes para 12 muffins

3 huevos
360 g de harina
40 ml de aceite de girasol
145 g de azúcar blanco
120 g de azúcar moreno
70 ml de leche

325 g de calabaza
1 cucharadita de extracto de vainilla
1/2 sobre de levadura (8 g)
1/2 cucharadita de canela en polvo
una pizca de sal
pipas de calabaza para decorar

Preparación

Cocer la calabaza hasta que esté tierna y chafarla con un tenedor
para hacer un puré. Dejar que se entibie.

Precalentar el horno a 190 °C con calor arriba y abajo.

Tamizar en un cuenco la harina, la levadura y la canela.
Añadir los dos tipos de azúcar y la sal, y remover.

En un cuenco aparte, batir el puré de calabaza con los huevos, el aceite, la leche y
el extracto de vainilla. Cuando esté todo bien integrado, incorporar la mezcla resultante al primer
cuenco en tres tandas. Trabajar con la espátula con movimientos envolventes para integrar todo.

Preparar una bandeja para muffins con 12 cápsulas y llenarlas hasta un dedo del borde.
Echar por encima las pipas de calabaza.

Hornear entre 25 y 30 minutos o hasta que al pinchar los muffins con un palillo este salga limpio.

Cuando los muffins estén listos, sacar la bandeja del horno y dejar reposar 5 minutos.
Después desmoldarlos y dejarlos enfriar sobre una rejilla
para que no suden por la base y las cápsulas no se abran.

Muffins de arándanos con crema de queso

Ingredientes para 12 muffins

2 huevos grandes
250 g de harina
190 g de mantequilla
225 g de azúcar
300 ml de leche
125 g de arándanos deshidratados
1/2 sobre de levadura (8 g)

1/2 cucharadita de sal
1 cucharadita de extracto de vainilla

Para la crema:
100 g de mantequilla
100 g de queso de untar
200 g de azúcar glas
1 cucharadita de extracto de vainilla

Preparación

Precalentar el horno a 190 °C con calor arriba y abajo.

Tamizar en un cuenco la harina y la levadura. Añadir el azúcar y la sal, y mezclar con la espátula.

En un cuenco aparte, batir los huevos con la leche y la mantequilla, que deberá estar derretida. Añadir la mezcla al primer cuenco, incorporar los arándanos y remover.

Preparar una bandeja para muffins con 12 cápsulas y llenarlas hasta un dedo del borde. Hornear entre 25 y 30 minutos o hasta que al pinchar los muffins con un palillo este salga limpio.

Dejarlos en la bandeja 5 minutos antes de pasarlos a una rejilla para que se enfríen.

Para elaborar la crema: verter todos los ingredientes en un cuenco y batir con la batidora aumentando la velocidad hasta conseguir la consistencia adecuada. Echar la crema en una manga pastelera con una boquilla alargada y estrecha. Hundir la boquilla en el centro de cada muffin y apretar mientras se levanta, para que queden bien rellenos.

Muffins de melocotón

Ingredientes para 12 muffins

1 huevo
250 g de harina
50 ml de aceite de girasol
125 g de azúcar
1 yogur natural
1 melocotón

1 cucharadita de levadura
1 cucharadita de bicarbonato
1/2 cucharadita de canela en polvo
la ralladura de 1 limón
azúcar para espolvorear

Preparación

Precalentar el horno a 210 °C con calor arriba y abajo.

Tamizar en un cuenco la harina, la levadura, el bicarbonato y la canela.

En un cuenco aparte, batir el huevo con el aceite, el azúcar y el yogur.
Añadir la mezcla resultante al primer cuenco y remover con la espátula.
No batir, ya que la mezcla tiene que quedar grumosa.

Por último, pelar el melocotón, rallarlo e incorporarlo a la mezcla con movimientos envolventes.

Preparar una bandeja para muffins con 12 cápsulas y llenarlas hasta un dedo del borde.
Espolvorear por encima un poco de azúcar.

Hornear 20 minutos o hasta que al pinchar los muffins con un palillo este salga limpio.
Es muy importante no abrir el horno hasta que hayan pasado por lo menos 18 minutos,
si no la masa bajará y no volverá a subir.

Cuando los muffins estén listos, sacar la bandeja del horno y dejar reposar 5 minutos.
Después desmoldarlos y dejarlos enfriar sobre una rejilla
para que no suden por la base y las cápsulas no se abran.

Muffins de plátano y nueces

Ingredientes para 12 muffins

2 huevos
250 g de harina
85 g de mantequilla
150 g de azúcar moreno
1 yogur natural

3 plátanos muy maduros
50 g de nueces peladas
2 cucharaditas de extracto de vainilla
2 cucharaditas de levadura
1/2 cucharadita de sal

Preparación

Precalentar el horno a 180 °C con calor arriba y abajo.

Triturar los plátanos y reservar.

Picar las nueces y reservar.

Tamizar en un cuenco la harina y la levadura. Añadir la sal y mezclar con la espátula.

En un cuenco aparte, batir con las varillas la mantequilla, el azúcar y la vainilla.
Añadir los huevos de uno en uno y, después, el yogur y el plátano triturado.
Incorporar la mezcla resultante al primer cuenco y remover con la espátula.
No batir, ya que la mezcla tiene que quedar grumosa.

Preparar una bandeja para muffins con 12 cápsulas y llenarlas hasta un dedo del borde.
Espolvorear por encima las nueces picadas.

Hornear 20 minutos o hasta que al pinchar los muffins con un palillo este salga limpio.
Es muy importante no abrir el horno hasta que hayan pasado por lo menos 18 minutos.

Cuando los muffins estén listos, sacar la bandeja del horno y dejar reposar 5 minutos.
Después desmoldarlos y dejarlos enfriar sobre una rejilla.

Muffins de higo y almendra

Ingredientes para 12 muffins

250 g de harina
30 ml de aceite de girasol
250 ml de agua
225 g de azúcar
125 g de almendras

85 g de higos secos
1 cucharadita de extracto de almendras
1 cucharadita de bicarbonato
1/2 cucharadita de sal
almendras picadas para decorar

Preparación

Precalentar el horno a 180 °C con calor arriba y abajo.

Picar las almendras y los higos; reservar.

Tamizar en un cuenco la harina y el bicarbonato. Añadir la sal y el azúcar, y mezclar.

En un cuenco aparte mezclar el aceite, el agua y el extracto de almendras.
Incorporar la mezcla resultante al primer cuenco y remover con la espátula.

Por último, añadir las almendras y los higos picados. Mezclar bien.

Preparar una bandeja para muffins con 12 cápsulas y llenarlas hasta un dedo del borde.
Espolvorear por encima con almendras picadas.

Hornear 20 o 25 minutos o hasta que al pinchar los muffins con un palillo este salga limpio.
Es muy importante no abrir el horno hasta que hayan pasado por lo menos 18 minutos,
si no la masa bajará y no volverá a subir.

Cuando los muffins estén listos, sacar la bandeja del horno y dejar reposar 5 minutos.
Después desmoldarlos y dejarlos enfriar sobre una rejilla
para que no suden por la base y las cápsulas no se abran.

Muffins de fresa y chocolate

Ingredientes para 12 muffins

2 huevos grandes
250 g de harina
175 g de mantequilla
210 g de azúcar
280 ml de leche
50 g de cacao en polvo sin azúcar
75 g de fresas deshidratadas
1 cucharadita de extracto de vainilla

12 g de levadura
1/2 cucharadita de sal
mermelada de fresa para rellenar

Para la cobertura:
200 g de chocolate de cobertura
30 ml de aceite de girasol
candy melts de color rosa

Preparación

Precalentar el horno a 180 °C con calor arriba y abajo.

Tamizar en un cuenco la harina, la levadura y el cacao. Añadir el azúcar y la sal, y mezclar.

En un cuenco aparte, batir los huevos con la mantequilla derretida, la leche y el extracto de vainilla. Añadirlo al primer cuenco, incorporar las fresas troceadas y mezclar.

Preparar una bandeja para muffins con 12 cápsulas y llenarlas hasta un dedo del borde.

Hornear 20 minutos o hasta que al pinchar los muffins con un palillo este salga limpio.

Dejar los muffins en la bandeja 5 minutos antes de pasarlos a una rejilla para que se enfríen. Una vez fríos, rellenarlos de mermelada de fresa usando una jeringuilla.

Para elaborar la cobertura: fundir el chocolate al baño maría, removiendo constantemente para que no se queme. Añadir el aceite y mezclar bien. Después, mojar la parte superior de los muffins en el chocolate y dejarlos enfriar. Cuando el chocolate se haya endurecido, fundir unos candy melts de color rosa y verterlos en hilo fino haciendo zigzag.

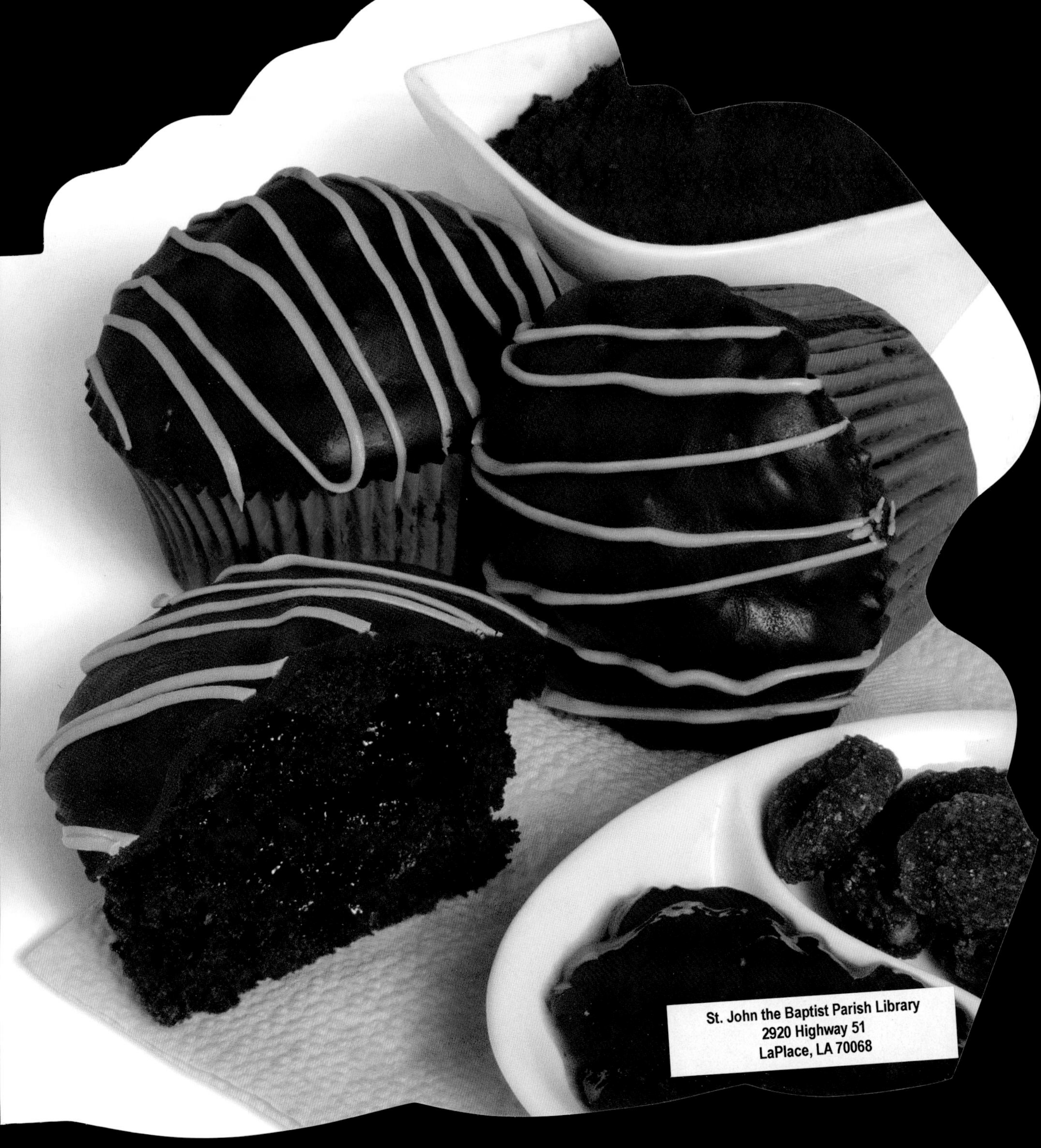

Muffins
de naranja y
semillas de amapola

Ingredientes para 12 muffins

2 huevos grandes
275 g de harina
100 g de mantequilla
200 g de azúcar
120 ml de leche
2 cucharaditas de levadura

1/2 cucharadita de bicarbonato
la ralladura de 1 naranja
4 cucharadas de zumo de naranja
2 cucharadas de semillas de amapola
una pizca de sal

Preparación

Precalentar el horno a 180 °C con calor arriba y abajo.

Verter la leche en un cuenco, agregar las semillas de amapola y dejar reposar 20 minutos.

Tamizar en otro cuenco la harina, la levadura y el bicarbonato. Después añadir el azúcar, la sal y la ralladura de naranja; mezclar bien.

En un cuenco aparte, batir los huevos. Agregar la mantequilla derretida, el zumo de naranja y la leche con las semillas. Batir de nuevo para mezclar.

Juntar el contenido de los dos cuencos y remover, pero sin batir demasiado.

Preparar una bandeja para muffins con 12 cápsulas y llenarlas hasta un dedo del borde.

Hornear 18 minutos o hasta que al pinchar los muffins con un palillo este salga limpio.

Cuando los muffins estén listos, sacar la bandeja del horno y dejar reposar 5 minutos. Después desmoldarlos y dejarlos enfriar sobre una rejilla.

Índice de recetas